JN412135

사랑의 길 십자가의 길

글 정애경 / 그림 김춘자

성서와함께

"내가 너희에게 새 계명을 준다.
서로 사랑하여라.
내가 너희를 사랑한 것처럼
너희도 서로 사랑하여라"
(요한 13,34)

서로 사랑하며 살기를 바라는

____________________ 에게

지은이의 말

요한 사도는 예수님 곁에 머무르며 하느님의 본질을 깊이 체험합니다. 그래서 "하느님은 사랑이십니다"(1요한 4,16) 하고 담대히 고백합니다. 사실 성경 전체는 '사랑'이라는 한 단어로 요약됩니다. 하느님께서는 사랑으로 세상을 창조하셨고, 사랑으로 우리를 구원하셨으며, 지금 이 순간에도 사랑으로 우리와 함께 계십니다.

그러나 우리는 쉽게 주님을 잊습니다. 세상이 광고하는 행복에 흔들리고 사람들이 너도나도 좇는 성공에 떠밀리며 살아갑니다. 그리고 어느 날 문득, 삶의 의미와 방향을 잃고 자기 안위만을 염려하는 데 익숙해진 자신을 발견합니다. 주님께서는 이러한 우리에게 어떻게 살아야 하는지를 분명히 보여 주십니다. "나는 포도나무요 너희는 가지다"(요한 15,5). 가지가 포도나무에 붙어 있어야 생명을 얻고 열매를 맺듯이, 우리도 주님 사랑 안에 머물러야 온전하게 살 수 있습니다. 주님 안에 머무르는 것은 그분의 마음을 간직하고 그분이 가신 길을 따르겠다는 다짐입니다. 서로 용서하고 가진 것을 나누며 아무리 작은 일이라도 사랑을 선택하는 것이 주님께서 우리에게 보여 주신 십자가의 길입니다.

주님께서는 서로 사랑하라는 새 계명을 주시며 우리를 사랑으로 부르십니다. 그 부르심에 충실히 응답할 때, 그분의 말씀이 오늘 우리의 삶에서 생생히 살아날 것입니다. 사랑이신 하느님 안에 머무르면 자연스레 사랑의 열매를 맺게 됩니다. 그때 우리는 세상 한가운데에서 "하느님은 사랑"(1요한 4,16)이시라고 힘껏 고백할 수 있습니다. 그리하여 주님께서 "내가 너희를 사랑한 것처럼 너희도 서로 사랑하여라"(요한 13,34)라고 간절히 이르신 그 말씀이 이 땅에서 온전히 이루어질 것입니다. 서로 사랑하며 살아가기를 바라는 모든 이를 위해 《사랑의 길 십자가의 길》을 봉헌합니다.

2026년 사순 시기를 기다리며

정애경 수녀

시작기도

시작 성가

"서로 사랑하여라. 내가 너희를 사랑한 것처럼 너희도 서로 사랑하여라"(요한 13,34). 주님께서 당부하신 말씀을 기억합니다. 사랑은 찰나의 기쁨이나 금세 사라지는 감정이 아닙니다. 타인을 위해 자신을 내놓는 희생이며, 서로의 다름을 품어 주는 인내입니다.

그렇지만 주님, 저는 두렵습니다. 당신이 보여 주신 길이 구원임을 알면서도 희생과 고통 앞에서 물러서게 됩니다. 그럴 때마다 사랑의 길을 앞서 걸으신 당신을 바라보게 하시고, 저희가 지고 가는 십자가를 당신의 사랑으로 채워 주소서. 주님께 받은 사랑으로 이웃을 마주하며, 당신의 사랑이 저희를 영원한 생명으로 이끄는 천국의 열쇠임을 마음 깊이 새기게 하소서. 우리 주 예수 그리스도를 통하여 비나이다. 아멘.

◎ 어머니께 청하오니 제 맘속에 주님 상처 깊이 새겨 주소서.

제1처

예수님께서 사형 선고 받으심을 묵상합시다

† 주님께서는 십자가로 온 세상을 구원하셨나이다.
◎ 예수 그리스도님, 경배하며 찬송하나이다.

주님께서는 "남을 심판하지 마라. 그래야 너희도 심판받지 않는다"(마태 7,1)라고 가르치십니다. 그런데도 저는 제 기준으로 타인을 바라봅니다. 제가 듣고 싶은 말만 듣고 보고 싶은 것만 보며 이웃을 판단합니다. 주님께서는 이런 저에게 '네가 심판한 그대로 너에게 되돌아올 것'이라고 엄중히 이르십니다.

주님, 저희가 좁은 생각과 한정된 경험으로 이웃을 단죄하려 할 때, 그 안에 도사린 교만을 알아보게 하소서. 그리하여 심판자의 자리에서 내려와 죄인의 자리에 서신 당신과 함께 사랑의 길을 걷게 하소서.

영광송

◎ 어머니께 청하오니 제 맘속에 주님 상처 깊이 새겨 주소서.

제2처

예수님께서 십자가 지심을 묵상합시다

† 주님께서는 십자가로 온 세상을 구원하셨나이다.

◎ 예수 그리스도님, 경배하며 찬송하나이다.

"누구든지 내 뒤를 따라오려면, 자신을 버리고 날마다 제 십자가를 지고 나를 따라야 한다"(루카 9,23). 주님께서는 인류의 죄를 대신하여 십자가를 지십니다. 본래 저희가 져야 했건마는, 다음날로 미루고 타인에게 떠넘긴 십자가를 주님께서 끌어안으십니다.

주님, 저희가 날마다 제 십자가를 지고 걷는 길은 사랑의 길입니다. 때로 십자가의 무게가 저희를 짓눌러도 그 안에 당신의 사랑과 용서가 있음을 믿게 하소서. 그리하여 바오로 사도가 "나는 우리 주 예수 그리스도의 십자가 외에는 어떠한 것도 자랑하고 싶지 않습니다"(갈라 6,14) 하고 고백하였듯이, 저희에게 주어진 십자가가 당신께로 이끄는 구원의 열쇠임을 깨닫게 하소서.

영광송

◎ 어머니께 청하오니 제 맘속에 주님 상처 깊이 새겨 주소서.

제3처

예수님께서
기력이 떨어져 넘어지심을 묵상합시다

† 주님께서는 십자가로 온 세상을 구원하셨나이다.

◎ 예수 그리스도님, 경배하며 찬송하나이다.

주님, 저는 마음 없는 기도를 되풀이하였습니다. 세상살이에 마음을 빼앗겨 의무감으로 미사에 오갔으며, 당신이 베풀어 주신 은혜에 감사하지 않았습니다. 어느덧 제 영혼은 당신에게서 멀어져 바싹 말라 버렸습니다. 주님께서는 "유혹에 빠지지 않도록 깨어 기도하여라"(마태 26,41) 하고 무뎌진 제 영혼을 일깨우십니다.

주님, 저희가 쉽게 유혹에 빠지는 것은 삶의 첫 자리에 기도를 두지 않고 당신이 친히 가르쳐 주신 주님의 기도를 생활에서 실천하지 않았기 때문입니다. 저희 삶이 분주하고 팍팍할지라도 미사와 성사 생활을 삶의 중심에 두고, 저희가 하는 모든 일의 시작과 끝을 기도로 채울 수 있게 하소서.

영광송

◎ 어머니께 청하오니 제 맘속에 주님 상처 깊이 새겨 주소서.

제4처

예수님께서 성모님을 만나심을 묵상합시다

† 주님께서는 십자가로 온 세상을 구원하셨나이다.

◎ 예수 그리스도님, 경배하며 찬송하나이다.

가시관과 채찍질의 상처로 피 흘리시는 주님 앞에 어머니가 서 계십니다. 아들이 왜 이 길을 걸어가야 하는지, 성모님은 아십니다. 오직 하느님 아버지의 뜻이 이루어지기를 바라는 아들의 마음과 어머니의 마음이 무언의 대화를 나눕니다.

아들아, 아들아….

어머니, 어머니….

주님께서는 아버지의 뜻에 따라 세상을 구원하러 오셨습니다. 공생활 중에도 십자가 위에서도 그 뜻에 온전히 순종하셨습니다. 주님, 저희도 성모님과 함께 수난길에 묵묵히 동행하며, 사랑과 신뢰로 아버지의 뜻을 따르게 하소서.

영광송

◎ 어머니께 청하오니 제 맘속에 주님 상처 깊이 새겨 주소서.

제5처

시몬이 예수님을 도와 십자가 짐을 묵상합시다

† 주님께서는 십자가로 온 세상을 구원하셨나이다.
◎ 예수 그리스도님, 경배하며 찬송하나이다

총독의 군사들은 "시몬이라는 키레네 사람을 보고 강제로 예수님의 십자가를 지게"(마태 27,32) 합니다. 시몬은 십자가를 지고 가시는 분이 누구인지도 모르는 채, 무거운 십자가를 받아 집니다.

창조주이신 주님, 당신이 시몬의 도움을 받으신 것은 저희도 도움이 필요한 이들을 외면하지 않기를 바라셨기 때문입니다. 주님, 당신의 사랑으로 저희 마음을 움직이시어 고통받는 이웃의 십자가를 함께 지게 하소서. 형제자매를 향해 내미는 다정한 손길로 주님의 사랑이 퍼져 나가, 저희가 이 땅에서 천국의 삶을 미리 맛보게 하소서.

영광송

◎ 어머니께 청하오니 제 맘속에 주님 상처 깊이 새겨 주소서.

제6처

베로니카, 수건으로 예수님의 얼굴을 닦아드림을 묵상합시다

† 주님께서는 십자가로 온 세상을 구원하셨나이다.

◎ 예수 그리스도님, 경배하며 찬송하나이다.

베로니카는 십자가의 길에서 피투성이로 비틀거리는 주님을 바라봅니다. 많은 이가 주님을 조롱하고 처참한 모습에 고개를 돌리지만, 베로니카는 용기 있게 달려가 피땀으로 얼룩진 주님의 얼굴을 닦아드립니다. 주님께서는 베로니카의 사랑이 담긴 수건을 받아, 사랑으로 찢기고 터진 거룩한 상흔을 남겨 주십니다.

주님, 완전한 사랑으로 두려움을 쫓아낸(1요한 4,18) 베로니카처럼, 저희도 세상의 시선을 두려워하지 않고 억울하게 고통받고 있는 이들에게 다가가게 하소서. 그리하여 저희의 기도와 작은 희생으로 당신의 위로를 전하게 하소서.

영광송

◎ 어머니께 청하오니 제 맘속에 주님 상처 깊이 새겨 주소서.

제7처

기력이 다하신 예수님께서
두 번째 넘어지심을 묵상합시다

† 주님께서는 십자가로 온 세상을 구원하셨나이다.
◎ 예수 그리스도님, 경배하며 찬송하나이다.

주님, 저는 이 세상에 살면서 기쁨도 누렸지만, 아픔도 겪었습니다. 억울한 일을 당하면 상처받았고 무시당하면 쉽게 넘어졌습니다. 특히 용서하지 않겠다는 분노에 사로잡혀 사랑보다는 미움을 키워 왔습니다.

그러나 주님께서는 "사랑은 모든 것을 덮어 주고 모든 것을 믿으며 모든 것을 바라고 모든 것을 견디어 냅니다"(1코린 13,7)라는 말씀을 실천하십니다. 당신을 조롱하고 모욕하는 이들을 끝내 용서하십니다. 상처를 움켜쥔 채 화해를 마다하는 저희에게 이웃을 있는 그대로 받아들이는 사랑을 몸소 보여 주십니다. 주님, 당신의 한없는 용서와 사랑을 저희 마음에 부어 주시어, 저희를 옭아맨 미움과 분노를 사랑으로 바꾸어 주소서.

영광송

◎ 어머니께 청하오니 제 맘속에 주님 상처 깊이 새겨 주소서.

제8처

예수님께서 예루살렘 부인들을
위로하심을 묵상합시다

† 주님께서는 십자가로 온 세상을 구원하셨나이다.

◎ 예수 그리스도님, 경배하며 찬송하나이다.

예루살렘의 여인들은 홀로 십자가의 무게를 감당하는 주님을 바라보며 애통해합니다. 그러나 저는 저 자신을 가련히 여기며 눈물짓습니다. 그들의 눈물은 당신의 고통에 함께 아파하는 동정심이지만, 제 눈물은 현세의 고단함과 어려움에 파묻힌 이기심입니다. 그러나 그 눈물 속에서라도 세상사가 덧없음을 깨닫게 하소서.

주님, "저희의 햇수는 칠십 년 근력이 좋으면 팔십 년"(시편 90,10)이오니, 저희가 지상의 나그넷길에 마음을 두기보다 영원한 생명을 갈망하며 서로 사랑하고 용서하게 하소서. 그리하여 마침내 주님 앞에 서는 그날까지 어떠한 처지에 놓이더라도 사랑을 포기하지 않게 하소서.

영광송

◎ 어머니께 청하오니 제 맘속에 주님 상처 깊이 새겨 주소서.

제9처

예수님께서 세 번째 넘어지심을 묵상합시다

† 주님께서는 십자가로 온 세상을 구원하셨나이다.

◎ 예수 그리스도님, 경배하며 찬송하나이다

'저는 여기까지인가 봅니다.' 절망으로 마음이 무너질 때, 제 신앙도 함께 스러졌습니다. 눈앞을 가로막은 현실이 완강하여 몸을 일으킬 엄두조차 나지 않았습니다. 그러나 주님께서는 "내가 너희를 사랑한 것처럼 너희도 서로 사랑하여라"(요한 15,12) 하고 말씀하십니다. "네 앞날은 희망이 있다"(예레 31,17) 하고 약속하십니다.

주님, 당신은 회개하는 죄인을 품어 주시는 무한한 사랑이십니다. 그런데도 그 사랑에 매달릴 힘이 없어서 저희 마음은 아득히 식어 갑니다. 주님, 절망으로 스러진 마음을 붙들어 주소서. 냉담해진 신앙에 다시 불을 지펴 주소서. 당신께 의지하여 오늘의 고통을 견디고, 내일도 그다음 날도 사랑의 길로 나아가게 하소서.

영광송

◎ 어머니께 청하오니 제 맘속에 주님 상처 깊이 새겨 주소서.

제10처

예수님께서 옷 벗김 당하심을 묵상합시다

† 주님께서는 십자가로 온 세상을 구원하셨나이다.

◎ 예수 그리스도님, 경배하며 찬송하나이다.

주님께서는 "너희는 하느님과 재물을 함께 섬길 수 없다"(루카 16,13) 하고 말씀하셨습니다. 그러나 저는 돈이 있으면 무엇이든 할 수 있다는 세상의 유혹에 마음이 기울어, 돈이 주님의 자리를 차지하도록 내버려두었습니다. 그러나 마음은 만족을 몰라 가질수록 더 가지기를 바랐고, 하느님과 이웃을 위한 자리는 좁아졌습니다.

주님, "돈을 사랑하는 것이 모든 악의 뿌리"(1티모 6,10)임을 일깨워 주소서. 저희가 가진 것은 모두 주님의 것이오니, 움켜쥔 두 손을 펴고 하느님과 이웃을 그 자리에 맞아들이게 하소서. 더 가지려고 안간힘을 쓰기보다 더 나누고 베풀기를 노력하며, 저희에게 모든 것을 내주신 주님의 사랑을 전하는 사도가 되게 하소서.

영광송

◎ 어머니께 청하오니 제 맘속에 주님 상처 깊이 새겨 주소서.

제11처

예수님께서 십자가에 못 박히심을 묵상합시다

† 주님께서는 십자가로 온 세상을 구원하셨나이다.
◎ 예수 그리스도님, 경배하며 찬송하나이다.

주님, 아무런 죄가 없으신 당신이 저희를 대신하여 십자가에 못 박히셨습니다. 저희의 잘못된 생각과 말이 주님의 머리에 가시관을 씌웠고, 저희의 악행이 주님의 손과 발에 대못을 박았습니다. 그리고 저희의 불신과 이기심이 주님의 심장을 창으로 찔렀습니다.

그러나 주님께서는 저희를 단죄하지 않고 끝까지 사랑하십니다. 주님, 저희가 드린 가시관과 못과 창을 사랑으로 품으신 당신께 마음을 돌이키게 하소서. 누군가를 겨눈 비수의 말을 위로와 희망으로 돌려 주시고, 노여움으로 응어리진 마음을 화해로 해방해 주소서. 그리하여 주님의 사랑과 용서가 저희를 구원하였음을 증거하게 하소서.

영광송

◎ 어머니께 청하오니 제 맘속에 주님 상처 깊이 새겨 주소서.

제 12 처

예수님께서 십자가 위에서 돌아가심을 묵상합시다

† 주님께서는 십자가로 온 세상을 구원하셨나이다.

◎ 예수 그리스도님, 경배하며 찬송하나이다.

주님께서는 숨을 거두시기 전, 십자가 곁에 있던 어머니와 제자를 바라보십니다. 그리고 어머니께 "여인이시여, 이 사람이 어머니의 아들입니다"(요한 19,26) 하고, 제자에게는 "이분이 네 어머니시다"(요한 19,27) 하고 이르십니다. 이로써 마리아를 교회의 어머니요, 저희의 어머니로 세워 주십니다.

주님의 사랑은 숨을 거두시는 순간까지 끝나지 않습니다. 주님, 저희를 구원하시기 위해 아드님까지 내주신 하느님의 사랑을 기억하게 하소서. 십자가에서 목숨을 바쳐 저희를 되찾으신 주님의 사랑을 마음에 간직하게 하소서. 그리하여 저희가 무엇도 떼어 놓을 수 없는 하느님의 사랑 안에서 영원히 살게 하소서.

영광송

◎ 어머니께 청하오니 제 맘속에 주님 상처 깊이 새겨 주소서.

제13처

제자들이 예수님 시신을
십자가에서 내림을 묵상합시다

† 주님께서는 십자가로 온 세상을 구원하셨나이다.

◎ 예수 그리스도님, 경배하며 찬송하나이다.

주님께서는 "섬김을 받으러 온 것이 아니라 섬기러"(마태 20,28) 오셨습니다. 마굿간에서 태어나 가난한 목수로 사셨고, 비천한 이들과 함께 끝자리에 앉으셨으며, 엎드려 제자들의 발을 씻어 주셨습니다. 그리고 십자가에서 참혹하게 돌아가셨습니다. 이로써 아버지를 향한 극진한 사랑과 저희를 위한 구원 의지를 드러내셨습니다.

주님, 저희가 먼저 당신을 사랑한 것이 아니라, 당신이 먼저 저희를 사랑하셨음을 기억하게 하소서. 자신을 낮추어 십자가 죽음에 이르기까지 순종하신 당신의 사랑이 저희 삶에 스며들어 행동하는 사랑으로 빛나게 하소서. 그리하여 저희가 "나에게 사랑이 없으면 나는 아무것도 아닙니다"(1코린 13,2)라고 고백하게 하소서.

영광송

◎ 어머니께 청하오니 제 맘속에 주님 상처 깊이 새겨 주소서.

제 14 처

예수님께서 무덤에 묻히심을 묵상합시다

† 주님께서는 십자가로 온 세상을 구원하셨나이다.

◎ 예수 그리스도님, 경배하며 찬송하나이다.

아리마태아 사람 요셉은 바위를 깎아 만든 자기의 새 무덤에 주님의 시신을 모십니다. 이로써 죽음은 끝이 아니라, 새로운 삶으로 옮아가는 문이 됩니다. 주님께서 가신 십자가의 길은 오직 사랑으로 걸을 수 있는 길입니다. 그 사랑은 바위로 굳게 닫힌 돌무덤조차 가둘 수 없기에, 주님은 죽음의 어둠 속에서 부활의 새 아침을 준비하십니다. 이 놀라운 사건은 하느님께서 친히 이루신 "신앙의 신비"(1티모 3,16)입니다.

부활이요 생명이신 주님, "나를 믿는 사람은 죽더라도 살고, 또 살아서 나를 믿는 모든 사람은 영원히 죽지 않을 것"(요한 11,25-26)이라고 약속하셨으니, 저희가 믿음으로 그 말씀에 충실히 머무르며 당신의 부활과 영원한 생명을 기다리게 하소서.

영광송

마침기도

“다 이루어졌다”(요한 19,30). 이 말씀은 고통의 끝이 아니라, 사랑의 완성임을 믿습니다. 그리고 저희에게는 다시 사랑하라는 새로운 부르심입니다. 주님, 저희에게 남기신 새 계명을 지켜 저희가 언제나 당신 사랑 안에 머무르게 하소서.

주님께서 걸으신 십자가의 길은 홀로 감내해야 하는 외로운 길이 아니라, 사랑으로 응답하며 함께 걷는 길입니다. 하오니, 저희의 목숨이 다하는 날까지 서로 사랑하고 용서하며 주님과 함께 시작한 사랑의 여정을 충실히 걸어가게 하소서. 사랑에 목말라하는 이들이 저희를 통해 ‘하느님이 사랑’(1요한 4,16)임을 깨닫고, 모든 이가 천국을 향하는 사랑의 순례자로 살아가게 하소서. 우리 주 예수 그리스도를 통하여 비나이다. 아멘.

교황님의 기도 지향에 따라 주모경을 바친다.

마침 성가

I
II
III
IV
V
VI
VII
VIII
IX
X
XI
XII
XIII
XIV
¡ALLELUIA!
XV

사랑의 길 십자가의 길

서울대교구 인가: 2025년 12월 4일
초판 1쇄 펴낸날: 2026년 1월 30일

지은이: 정애경
그린이: 김춘자
펴낸이: 나현오
펴낸곳: 성서와함께

주소: 06910 서울특별시 동작구 흑석로13길 7
전화: (02) 822-0125~7 / 팩스: (02) 822-0128
인터넷서점: www.withbible.com
전자우편: order@withbible.com
등록번호 14-44(1987년 11월 25일)

ISBN 978-89-7635-461-7 03230